지금, 여기를 놓친 채
그때, 거기를 말한들

지금, 여기를 놓친 채
그때, 거기를 말한들

가랑비메이커
단상집

문장과장면들

삶이란 영화에 나레이션이 있다면

지금, 이 순간은 어떤 문장이 되어

당신에게 전해질까.

조금은 담담했으면 좋겠는데

당신에게만큼은 빗물이 바다가 되어

파도를 데려왔으면.

1부   맺다만 우리의 이야기

21 그럴 수 있다면
22 하다 만
23 엔딩으로 와요
25 사람은 떠나도
26 휴일
27 그날의 장면
28 우리는 모두
    가을을 좋아했다
30 허공
31 500일의 썸머
32 새드 해피
33 마지막의 마지막
34 너와 내 사이를
    스치던 시간을
    아무도 모른다

35 익숙해진다는 것
36 망각
37 문턱 1
39 밀물과 썰물
40 보이지 않는 것들을
    더듬는 밤
42 틈
43 관계라는 사막에서
45 이유
47 흐릿해져
48 새벽은 위험해
49 습관
51 새 사랑

2부 나를 그리워하던 이들에게

55 이름
56 돌아가는 길
57 산다는 것은
58 향수
59 섭리
60 벽
61 바람이 덮쳐올 때
62 성장통
63 닫힌 문
64 의연하게 마주설 때
65 본질적 갈망
67 장래희망
68 머문 자리
69 가을을 기다리는
   사람들
71 식탁 위 대화
72 언젠가 우리가
   느린 걸음으로
   마주한다면
73 또 다른 밤
75 미워지는 사람이
   있다면
77 연약한 아침
78 빛의 권능
79 우리는 무엇을 위해
81 벗어두어야 할 자리
82 변함없는 약속
83 데자뷰
85 어른
86 어른이 되는 것 1
87 집으로 돌아가는 길
88 이상하고 환한 요일

89 적막   92 문턱 2

90 구원   94 우산

91 기적의 부스러기   95 때로는

3부   서로의 앞에서만큼은, 우리

101 위로   110 작은 잔

102 그저 청춘   111 보이지 않는 곳

103 자유   112 새벽 별

104 창   113 내가 갈 시간

105 경계   114 은근한 조화

106 세계가 부서지는 일   115 가을, 낭만의 핑계

107 너의 길이 될 것이다 117 새벽 산책

108 빛   118 달에게

119 각자의 장면들
120 기억의 변형
121 낭비가 필요한 오후
122 느린 아침의 의미
124 겨울이 기다려지는
　　이유
126 각자의 식사
128 나무가 들려주는
　　관계법
129 재회
130 길은 길로
　　이어져 있고
131 그럼에도 불구하고
133 넓은 시야
134 연약한 만큼
　　덜 외로워져야 해
136 아득한 새벽
138 완전하지 않아도

4부 　내가 당신의 그런 문장이었으면

143　주름진 간절함
144　안녕을 전한다면
145　나는 그저
146　유한하고 사소하여
148　다시, 문턱
149　고백, 하나
150　고백, 둘
151　지금, 여기를 놓친 채
　　　그때, 거기를 말한들
152　그때, 거기의 사랑
153　지금, 여기
154　꿔준 자리에서
156　프레임 밖
157　문득 떠오르는 이름들
159　어른이 되는 것 2
161　깊은 슬픔
162　어떤 대화
163　젖은 편지
164　내가 나의 이름을
166　어른이 된다는 것 3
167　평생의 일
168　흐르는 모든 것을
169　커뮤니케이션
170　이다음에
171　시선의 온기
172　존재만으로도
　　　선물이 되는
173　침묵이 찾아오기 전에
174　내일의 실루엣
176　당신의 인디
178　내가 당신의
179　어떤 문장

5부 결코 투명한 정지의 순간이 아니다

183 일상의 잔물결
184 알 수 없으나
185 눈금이 필요하다면
186 웅크리는 시간
187 삶의 지도
188 시선
190 시대를 맞서며
191 안개
192 당신에게 배운 것
194 나만의 산책길
196 유용한 발버둥
197 잠잠해질 때
198 절규
199 박탈의 축복
200 마주설 준비
201 비에 젖은 사람

202 정류장을 떠나며
203 맨몸으로 달리기
204 당신의 눈을 통하여
207 당겨내는 시간
212 에필로그
　　새로운 여정을 떠나며

1부

보다 만 영화

읽다 만 소설

풀다 만 문제

가다 만 숱한 길들

맺다 만 우리의 이야기

그럴 수 있다면

시간은 무심히 흘러 이제는 너와 나
다른 계절 다른 장면 속에 놓였지만
바람 따라 실려 오는 내 소식에
네 하루쯤은 어지러웠으면.

장마처럼 쏟아지는 내 기억에
네 새벽이 축축했으면.

내게 아직 그런 힘이 남아 있다면 좋겠어.
여전히 네 하루를 흔들, 네 새벽을 적실.

우리, 오랜 시간을 각자의 삶을
수습하며 버텨왔지만
여전히 나에게 그런 힘이 있다면.

하다 만

보다 만 영화
읽다 만 소설
풀다 만 문제
가다 만 숱한 길들과
맺다 만 우리의 이야기

멈춰 선 시간 속
사라진 기억의 조각은
우리, 그냥 그대로 두고서

언젠가 서로에게 조금 더 단단해질 때
새로운 조각을 가지고 만나자.

그 어디에서도 본 적 없는

새로운 색과 형태로

다시 새로운 노래를 시작하자.

엔딩으로 와요

하루의 끝으로 가만히
밀어두고 싶은 얼굴이 있다.
늦은 밤 혹은 짙은 새벽
그 어떤 방해도 없는 곳으로
고요하게 남겨두고 싶은 시간이 있다.

오직 어둠과 적막만이 스며든 세계에서
마주한 두 눈 외에는 어떤 것도 담지 않고
고요한 숨결 사이의 의미들을 안은 채
오래도록 곱씹고 싶은 만남이 있다.

어떤 서사와 얼굴들을 지나왔든 상관없이
오늘의 엔딩에 초대하고 싶은
단 하나의 이름이 있다.

사람은 떠나도

사람은 떠나도 노래는 남는다.
새 계절에서 마주한 그 노래는
다시 지나간 사람을 불러온다.

서로 다른 얼굴과 목소리가
노래를 타고 넘실거린다.

1절이 채 끝나기도 전에
창밖의 계절과 거울 속 표정이 바뀐다.

숱한 장면과 익숙한 냄새들이
좁은 공간 가득 나타났다 사라진다.

휴일

 어느 날은 좋았던 기억만으로도 분주하다. 감은 두 눈 사이로 되감아지는 장면과 고요 속에 찾아오는 대화들이 생생히 살아 움직이는 날에는 한 걸음도 떼지 않고서 긴 여행을 다녀올 수 있다.
 그때 거기로 돌아가서 지금 여기에 없는 당신을 마음껏 만지고 들을 수 있다. 그날에 놓쳤던 당신의 한숨을 헤아리고 미처 바라보지 못했던 표정을 읽어가기만 해도 하루가 훌쩍 흘러가버린다.

그날의 장면

우리는 곧잘 이야기를 나누다가도
누군가 하늘을 올려다볼 때면
조용히 말소리를 멈추고
그 시선을 따라가기도 했는데

가끔은 가지런히 모은 두 손으로
뜨거운 한낮의 볕을 가려주기도 하며

나는 언제 다시 까치발을 하고서
네 곁을 종종거릴 수 있을까.

우리는 모두 가을을 좋아했다

뚝 떨어진 찬 공기 속에서도 그때, 우리는 아직 가을을 입고 있었다. 벌게진 얼굴로 애꿎은 소매 끝만 잡아당기다가 마주친 너는 두 손을 주머니에 찔러 놓은 채 발을 종종거리고 있었다. 우리는 마주한 두 눈을 피하지 않았고 두꺼운 옷을 입고도 추운 사람들처럼 붙어 다녔다.

여러 계절을 함께 지나며 나른함에 기지개를 켰고 그늘을 찾아 열심히 걸었다. 어둠이 내리고 마침내 반짝이는 것이라고는 마주한 두 눈뿐일 때면 언제나 무르익는 것들을 얘기했다. 이유 아닌 이유로 들떴던 밤이었다.

시간이 더 흘렀고 거리의 옷들은 조금 더

길어지고 두꺼워졌지만, 이제 나는 가을을 입을 줄을 몰랐다. 뱉을 줄도 몰랐다.

우리는 모두 가을을 좋아했다. 그래서 외로워지는 줄도 모르고 기다렸다는 것을, 아직은 모르고 싶었다.

허공

너와 나, 엎어져 코 닿을 거리는 아니었어도
손을 뻗는다면 닿을 수 있었는데
왜 이렇게 오랜 시간이 필요한 건지.
뻗는 밤은 결국 찾아올 수 있을까.

내 팔은 여전히 짧은데
네 팔은 아직 굳어 있는 것만 같아.

아무리 힘껏 휘둘러봐야
결국 허공이야.

500일의 썸머

어느 날 아침에 일어났다가 알았어.
자기랑 있을 때 인정하지 않으려 했던 걸.*

 시간이 지나야만 납득이 되는 이야기가 있다. 두 귀를 막고 그저 눈물만 흘리게 하고 저 멀리 도망치게 했던 그 말이 어느 순간, 내 발걸음과 호흡을 멈추게 한다.
 곁을 떠나서야 인정하게 되는 말이, 그런 순간이 있다.

* 영화 〈500일의 썸머〉 톰과 재회한 썸머가 그에게 전하는 말.

새드 해피

깨지고 부서진 마음으로 나아가며
지난한 시절을 입술로 시인할 때
우리는 눈물범벅인 미소로 마주하게 될 거다.
비로소 슬픔에서 기쁨을 셀 수 있을 것이다.

마지막의 마지막

끝이라는 것이 단번에 쿵, 하고
떨어지는 줄로 알았다.

끝이 온 뒤에는 더 이상 어떠한 가능성도
뒤돌아볼 용기와 미련도 없을 줄 알았다.

그러나 위태로운 경계에서
나는 날마다 낯선 나를 만났고
구차하지만 벌거벗은 마음으로
마지막의 마지막이라는 이름으로
끝을 잡고 늘어졌다.

결국, 우리에겐 끝이 아닌
끄으으으읕만이 남겨졌다.

너와 내 사이를 스치던 시간을
아무도 모른다

수많은 그림자 사이에서
우리는 숨죽여 웃었고

이제 우리는 쏟아지는 햇볕 사이로
숨죽여 울어야 한다.

누구도 너와 내가 이루었던
우리라는 품을 눈치챌 수 없도록.

익숙해진다는 것

우리라는 이름으로 함께했던 이에게
잊혀진다는 것이 가장 아픈 줄로만 알았지
익숙해지는 것이 더 아플 줄 몰랐다.

오래도록 닫혀있던 서랍 속에서
불쑥 찾아오는 기억도 없이
어디선가 흘러나오는 노래를 타고
가만히 떠오르는 추억도 없이
그저 그렇게 그쯤으로만 익숙해지는 것이
얼마나 아픈지, 나는 이제 알았다.

익숙해진다는 것,
힘을 잃어가는 것.

망각

당신과 내가 사는 삶은
종이 위에 있지 않아서
모든 선과 면이 선명할 수는 없다.

선명해질 때 흐려지는 것
흐려져야만 선명해지는 것이 있다.

저편의 당신이 선명하려면
이편의 나는 반드시 흐려져야 한다.

망각은 선명하지 못한 것들이 밟는
자연스러운 수순이다.

문턱 1

잡았다 놓기를 반복했던
그러나 결국 서로 다른 두 손

서로의 가슴과 만나
등으로 안녕하던 숱한 날들

그 안에서 내 가슴은 금방 데워졌고
쉽게 식었다 이내 끓어오르고
다시 사그라졌다.

오르락내리락하던 온도가
딱 절반의 값에서 멈추는 이별은
우리를 너와 나로 떼어 놓는 문턱이다.

문턱은 아무런 힘을 갖지 못한다.
그 자체로는 그 어떤 잘못도 책임도 없다.
다만 거기 놓여있을 뿐이다.

밀물과 썰물

당신에게 다가가는 나의 마음이
당신의 기다림에 닿기를.
그리하여 우리는 파도치는 사랑이 아닌
낮은 바다의 마음으로 서로를 바라보기를.

내게서 멀어지는 당신의 시선이
나의 충만한 시간을 기다려주기를.
부서질 듯한 가뭄의 이별이 오기 전에
축축한 안녕을 고하기를.

보이지 않는 것들을 더듬는 밤

어둠이 짙게 내린 밤의 터널에서
눈앞이 아득해지면
보이지 않는 것들을 더듬는
또 다른 눈이 열린다.

터널 끝에 희미하게 흔들리는 작은 점들은
놓쳐버린 사람들, 지나쳐버린 시간들.
내가 혹은 나를.

영원처럼 스며드는 어둠 속에서
작은 점들은 수만 가지 향기와 빛으로
춤을 추기도 하고 버럭 화를 내기도 한다.

때로는 고요히 긴 눈물을 흘리며
가만히 나를 안아주기도 하지만

그 끝에는 언제나
나라는 존재의 무가치함에 대해
처절하게 깨닫게 만들고는 돌아서 버린다.

떠나고 찾아오는 순간들이 반복된다.
만나고 헤어지는, 당기고 밀어내는
시간 속에 갇혀 소용돌이치다
마침내 푸르스름한 새벽이 돼서야
나는 절뚝거리며 터널을 빠져나온다.

   정말 있었는지.
   그 시간들이 그 시간 속에 우리가.

늘 같은 물음을 안고서.

틈

벽돌과 벽돌 사이에도 틈이 존재한다.
시멘트로 겨우 메워지는.

네가 나이기를 기대했고
뒤돌아서 애태웠던 시절이 있었다.

관계라는 사막에서

 우리가 아무리 많은 이들과 부지런히 관계하며 산다고 하여도 멀리서 바라보았을 때 그들은 모두 이 세계 가운데 작은 점에 불과하다. 그러니까 나를 둘러싼 이들로부터 거부당한다 하여도 그것이 온 세상으로부터 내팽개쳐진 것은 아니다. 잠시만 숨을 고르고 뒤를 돌아보기만 해도 같은 모퉁이에 등을 붙인 채 고개 숙인 또 다른 나를 만날 수 있다.

 나는 이제 나에게 그리고 나와 같은 그들에게 집중하기로 했다. 당신과 나 사이에서 발견한 사막을 당당히 외치며 나아가기로 했다.

나를 잃어버린 채로 허우적거리는 오아시
스는 아름다운 낙원이 될 수 없음을 안다.

이유

내가 그를 떠났던 이유는
더 이상 사랑하지 않았기 때문이 아니다.

그를 내 옆에 두면서
내가 그 곁을 지키면서
맞춰가자는 이유로
서로를 갉아먹었기 때문이다.

있는 그대로의 모습이
이해와 배려라는 미명 아래서
제멋대로 깎이고 덧붙여지고
의미를 잃어가면서

더 이상 서로에게 자신다울 수 없음을
인정하던 그 순간

아직 한 줌의 사랑이 남아 있음에도
자리를 털고 일어설 수밖에 없었다.

흐릿해져

잊고 싶던 기억과 무뎌지길 바라던 감정이
점점 빛을 잃어가고 정말 흐릿해지면
다시 꺼내 닳고 닳도록 걷고 걷는다.
그 시간과 장면들을.

어디서 어떻게 시작된 것인지 모를
이 모순된 시간 속에서 무엇을 원하는지
나조차 알 수 없다.

다만, 그렇게나 커다랗던 순간들이
점점 더 작아지고 흐릿해져
마침내 점 하나로 남겨져 버릴까
두렵고 서글퍼진다는 것.

새벽은 위험해

새벽은 위험해.
잠깐만 방심해도 고요한 이 시간은
어느새 나를 첫 만남의 설렘부터
마지막의 아쉬움까지 끝없이
아득하게 걷고 또 걷게 하지.

새벽은 위험해.
애써 감춰두고 덮어두었던 것들을
다시 파헤치고 깨끗하게 닦아 놓고는
한참을 바라보게 만들지.

새벽은 위험해.
그러니 부디, 너 이 새벽에 깨어있어.

습관

우리, 서로에게 습관은 되지 말자며
그렇게 등을 보였는데

잊혀지는 게 두려워서
서글픈 습관이 됐고
그 기억들은 점점 빛을 바랬네.

맨몸으로 하는 포옹

 긴 계절의 한 가운데에서 다시 너를 만난다면 모든 것을 벗어던지고서 남은 계절을 함께 걸을래. 손을 잡지 않고도 연결되어 있다는 걸 느끼는 대화를 시작할래.
 주섬주섬 꺼내 입는 계절이 되었어도 우리가 나누는 것들은 언제나 민낯의 것들이라서 길고 긴 거리를 거니는 대화는 우리를 그 어디라도 데려다줄 거야.

새 사랑

오래된 관계에서 새로운 사랑을 기대할 수 있다. 새 계절이 올 때마다 새로운 싹이 돋고 꽃이 피는 것처럼. 가려운 마음을 꺼내어 사랑을 이야기하면 새로운 사랑은 응답이 되어 돌아온다.

때로는 너무 작아서 희미할 수 있고 너무 늦어서 목이 탈 수 있다. 그러나 그럼에도 불구하고 온다. 울창한 나무 사이로 연약하게 흔들거리는 들풀도 그 오래전에 누군가 흩뿌린 씨앗에 대한 선명한 응답이다.

부끄러움을 무릅쓰고 얕은 손해를 감수하며 우리가 사랑해야 하는 이유는 이 세상 어디에나 있다.

2부

언제부터인가 나는
이뤄낸 것도 없이
너무도 바빠졌고
내가 그리워하던 이들에게
야속한 사람이 되어 있었다

이름

넘겨진 이름들을 쥐고 달리느라
내 이름을 놓쳐버렸다는 사실을 몰랐다.

돌아갈 자리를 잃고
의미 없는 롤 플레이가 반복되는
지금에서야 나는 마주했다.

누군가를 닮아가면서
닳아져 버린 내 모습을.

돌아가는 길

 나의 젊음은 구부러지기보다는 부러졌다. 뒤꿈치를 붙이는 법을 몰라서 멈춰야 할 때면 발톱을 부러뜨리곤 했다. 움켜진 것들이 늘어가자, 걸음은 자꾸만 느려졌고 마음만 홀로 분주했다. 삼키고 싶은 것들이 늘어갈수록 토해내고 싶은 마음도 강하게 자라났다. 차라리 밑빠진 독이 되고 싶었다. 허기보다 괴로운 건 더부룩한 속이었다.

 출발점에서 멀어진다고 목적지와 가까워지는 게 아니었다. 멀리 나아갈수록 되돌아가는 길을 찾기란 더욱 어려웠다. 긴 시간을 되돌아가며 나는 깨달았다. 젊음의 때에 경계해야 하는 것은 방향을 잃은 채 내달리는 수고에 중독되지 않는 것이다.

산다는 것은

어쩌면 외로움이라는 것은
곁에 누군가 있고 없고를 떠나
우리 안에 내재하고 있는 것인지 모른다.

맞잡은 두 손 사이에도
여전히 바람은 통하고
뜨겁게 안긴 품에서도 엇갈린 고개 사이로
서로 다른 생각을 품고 있지 않은가.

시인이 말했다.
산다는 것은 외로움을 견디는 일.

나는 당신이 부디 그 시간을
견뎌내려고만 하지 않았으면 좋겠다.

향수

예쁘게 늙어가기가
아름답게 끝낸다는 게
어려운 것은 기억 때문이다.

향수 없이도 향기롭던 지난날들.
숱한 고민에 잠 못 들었어도
이내 털고 일어났던 젊은 날들.

마주 보는 것만으로도 배불렀던 시절들에
너무 많은 것을 걸었고 잃었다는 생각에
우리는 어딘가 더 거칠어졌고
더 많은 날을 세우기 시작했다.

섭리

창문을 닫아도 계절은 오고
늦은 새벽에서야 잠에 들어도
눈 부신 햇살은 언제나 이르게 찾아온다.

거르는 법도 거스르는 법도 없이
찾아오는 섭리가 멈춰 있는 당신을
재촉하는 것처럼 느껴질지 모른다.

그러나 때로는 기다려주는 품처럼
다정히 다가올 것이다.

계절은 다시 낮밤은 여전히 오고야 만다고.
그러니 서두르지 않아도 된다고.

벽

침묵.
그 안에서 끊임없이 길을 찾았지만
다가오는 것은 벽뿐이었다고.
소리치고 싶은 날이 있다.

바람이 덮쳐올 때

넘어진 채로 바퀴를 굴려선 안돼.
일단 일어서서 중심을 잡아야지.

너의 바퀴는
언제 사라질지 모를 바람이 아니라
있는 힘을 다해, 네 발로 굴려야 해.

지금은 이 바람에 몸을 맡길 때가 아니라
발끝에 힘을 주어 흔들림 없이
굳게 서있을 때야.

성장통

통증 없이는 자랄 수 없다는 것을 안다.
깨지지 않고선 단단하게 굳을 수 없는 것도.

아파본 적 없는 것도 아니고
무너지듯 넘어지는 것도
분명 어제오늘이 아닌데

이런 순간들은 언제나
지난 것과는 전혀 다른 모습으로
모조리 삼켜버린다.

예상할 수도 피할 수도 없도록.

닫힌 문

닫힌 문 앞에서 시간도 잊은 채
열리기만을 기다린 적이 있다.
두드려도 보고 소리쳐 보기도 했다.
간절히 기도하는 마음으로 기다렸다.

무엇이 듣고 싶은지
무엇을 알고 싶은지도 모른 채 서성였다.

문이 열렸고 그때 알았다.
닫힌 것들에게도 꾹 다물고
열지 못했던 이유가 있다는 것을.

어떤 문은 열기 위해서가 아니라
닫기 위해서 존재한다는 것을.

의연하게 마주설 때

 예견된 슬픔 앞에서 우리가 취해야 할 태도는 텅 빈 눈동자에 결의를 담아 넣는 일이다. 꾹 다문 입속에서 가장 탁월한 문장을 조립하는 일이다. 느슨해진 띠를 다잡는 일이고 너저분한 테이블 위를 손바닥으로 쓸어내는 일이다.

 크게 소리를 치거나 망연하게 앉아 있는 일은 처음 마주하는 슬픔에서나 용납되는 일이다. 숱하게 그려본 적 있는 슬픔이라면 언젠가 덮쳐왔던 어둠이라면 의연하게 준비해야만 한다. 서두르지도 느리지도 않은 모양새로. 읽어낼 수도 지나칠 수도 없는 표정으로.

본질적 갈망

그저 원해서 시작한 일에
구구절절한 이유를 붙이거나
그럴듯한 신화로 꾸며대고 싶지 않다.

가슴 뛰는 열망으로 시작한 일이
나를 병들게 한다면
그 언제라도 걸음을 멈추고 싶다.

구구절절한 변명도
그럴듯한 당위도 없이.

가슴을 뛰게 하는 것과
마음을 식게 하는 것은
복잡하거나 미묘하지 않다.

단조롭고 분명한
본질적 이유만이 있을 뿐이다.

장래희망

 허름한 삶을 입은 것 같아도 대화를 나눌 때면 얼마나 근사한 태도와 건강한 미소를 지녔는지 알 수 있는 사람이 되고 싶다.
 숫자라고는 깊이만을 남겨두고 다 내던질 수 있는 사람이, 작은 몸이지만 웅크리는 법 없이 담대한 어른이 되고 싶다. 어제가 너저분했어도 오늘은 깨끗한 새벽을 마주할 수 있는 결단을 세우고 싶다.
 언제라도 할 수 있는 일보다는 지금 당장에 해야 하는 일을 향해 나아가는 영민함과 주제를 아는 겸손을 구하는 기도를 단 하루도 거르지 않고 싶다.

머문 자리

 잘 차려진 식탁에 앉아서 첫 술을 뜨는 것만큼이나 중요한 것은 마지막 술을 뜨는 일이다. 당신이 머물다 떠난 자리에서 누군가는 빈 그릇을 닦는다.

가을을 기다리는 사람들

가을을 기다리는 사람들은 안다.
모두가 얼마나 외로운 사람들인가를.

빈손으로 터덜터덜 걸어온 이들에게는
양손 가득 쥐고 달려온 이들은
모르는 가을이 있다.

하늘을 올려다볼 여유와 용기도 없이
꼬꾸라져 겨우 기어 온 이들에게
가을은 계절 그 이상의 가을이다.

힘겹게 올려다보는 하늘은
내게도 네게도 맑다.

품을 것 없어 두 팔 벌려 서있는
저들에게도 바람은 불어온다.

사로잡는 꽃 없이 뼈대만 남은 나무들은
앙상하게 메마른 내게 안도를 안겨준다.

그렇게 가을과 나는
서로의 상처를 터놓는다.

식탁 위 대화

 자연스러운 관계를 바라는 일이 다소 느슨하고 게을리 느껴질지도 모르겠다. 그러나 때가 되었으니 하는 연락과 받았으니 주고 주었으니 받는 것들이 내게는 여전히 어색하고 어렵다. 그것이 관계에 미숙한 것이라면 나는 미숙하다.

 그러나 그렇기에 나와 닮아있는 이들이 드문드문 찾아와 울리는 초인종 소리에 기꺼이 달려 나갈 수 있다. 그들과 함께 느리게 차려 먹는 식탁 위 대화만으로도 충분히 풍요로운 하루가, 삶이 완성된다고 믿는다.

언젠가 우리가 느린 걸음으로 마주한다면

내게 오기까지
얼마나 많은 파도에 부서져야 했는지
얼마나 깊게 가라앉아야 했는지
알 수 없지만 잘 왔다.

너의 모든 걸음을 존중해.

또 다른 밤

오늘을 어제로, 내일을 오늘로
받아들이는 시간.

어둠의 경계를 지난
어제의 나를 새롭게 꺼내와
이리저리 구겨도 보고 다시 펼쳐도 본다.

시시각각 변하는 관계 속에서
내가 그르친 것들은 무엇이며
그것들을 반복하며 무엇을 잊었고
무엇을 발견했는지 떠올려 본다.

짧지 않은 시간에 적지 않은 사람들과
부대끼며 뭉치기도 했고 흩어지기도 했다.

그럼에도 언제나 같은 문제와 갈등들
그 안에서 느끼는 감정들은
조금도 달라지지 않는다.

무엇이 그토록 그들을 엇나가게 했고
무엇이 이토록 나를 배회하게 하는지.
잠들지 못하는 또 다른 밤이 시작되었다.

미워지는 사람이 있다면

누군가 자꾸만 미워지는 사람이 있다면
그 사람의 하루를 밟아볼 것.

그 하루에 어떤 표정들이 들어차 있는지.
영원과도 같은 한숨은 몇 번이나 내쉬는지.
녹록하지 않은 24시간을 채워나가며
푹 파묻은 고개는 몇 번이나 흔드는지.
드넓은 하늘을 바라볼 여유는 있었는지.
창밖에 비친 두 눈은 무엇을 담고 있는지.

그 하루를 밟고도 그를 미워할 수 있을까.
연민의 눈길을 보내지 않고 견딜 수 있을까.

깊은숨을 고르며 미움을 털어내고서
그저 꼭 안아주기를.

이 험난한 세상을 함께 견뎌내는
그 한 사람을.

연약한 아침

눈을 뜨자마자 마주했던 감정은 안도.
얼마나 다행이었는지.

내가 내게 느꼈던 일말의 희망이
처참히 무너져야 했던 그 만남이
새벽 너머 다시 현실을 데려왔음에
새하얀 벽과 커튼 사이에서
새겨진 눈물 자국을 벅벅 비비기 바빴다.

너는 이제 내가 알던
네가 아닌 걸 실감하던 그 순간
몇 번이고 눈을 씻어야만 했다.

빛의 권능

어둠이 내려앉은 거리를 헤매다 보면 밝아 오르는 새벽빛이 안내하는 길이 보인다. 아무것도 보이지 않는 터널 속에서는 한 줌의 빛이면 된다.

작은 성냥 빛이 밝힌 세상은 아무리 커다란 어둠이 와도 삼키지 못한다. 어둠은 결코 빛을 꺼트리지 못한다.

우리는 무엇을 위해

 서너 개의 알람이 맞춰져 있는 매일 아침. 알람을 끄고 난 후 다음 알람이 울 때까지 선잠을 잘 것을 알면서도 다시 눈을 감는다. 감은 눈 위로 지난 새벽과 다가올 낮밤이 스쳐간다. 곧 놓쳐서는 안 되는 마지막 알림이 울리고 그제야 흐느적흐느적 일어나 말리지 못할 머리를 적신다. 소화하지 못할 아침을 꾸역꾸역 밀어 넣는다.

 만원 버스에 내 아침을 구겨 넣는다. 아무렇게나 헝클어진 옷매무새를 가다듬고 신경질적인 표정의 사람들 사이에 엉켜 작은 숨을 몰아쉰다. 흩어진 앞머리를 간신히 가다듬고 빽빽이 들어찬 스케줄러를 넘긴다. 책을 넘긴다. 하얀 노트 한 장을 빼곡히 채워간다.

해답을 찾아, 책과 책 사이에 점심과 저녁을 구겨 넣는다. 아직 클리어하지 못한 오늘의 일들을 둘러보면 어느새 막차 시간이 나를 조여온다. 눅눅해진 앞머리와 함께 오늘도 나는 달린다. 간신히 올라탄 막차에서 여전히 노트 속을 허우적거린다.

여전히 내게 남겨진 조각을 내일, 그 어디쯤에 끼워놓아야 하는지. 나는 알 수가 없다.

벗어두어야 할 자리

옷이 조금 크면 품을 키워 입을 수 있어도
커다란 신발에 맞춰 발을 키울 순 없다.
가끔은 내려놓아야 하는 크기도 있다.

다리에 쥐가 나지 않도록
헐떡거리는 신발에 엎어지지 않도록
미련 없이 던져버려야만 하는 순간이 있다.

변함없는 약속

우리가 제대로 가고 있는지 알기 위해서는 창밖의 풍경이 아니라 목적지를 봐야 한다. 어디를 지나고 있는지가 아니라, 어디를 향하고 있는지.

창밖의 풍경은 언제라도 달라질 수 있다. 푸른 봄을 지나다가도 황량한 광야가 펼쳐질 수 있다. 그러나 목적지는 언제나 그대로 놓여있다. 눈앞의 장면을 바라보는 우리의 마음이 얼마나 흔들리든 상관없이 늘 그 자리에.

우리가 방향을 바꾸지 않는다면 마침내 닿을 수 있도록 변함없는 약속으로 머물러 있다.

데자뷰

상처와 갈등은 반복이다.
늘 같은 지점에 도돌이표가 놓여 있다.

구겨지고 버려지지 않는 한
되돌아가는 것 외에는
별다른 방법이란 없는 것이다.

텁텁하고 무거운 공기 속에
한 치의 미동도 없는
어제와 오늘, 내일의 표정들은
같은 문장을 반복한다.

 또 언제였던가, 이 순간들은

꼭꼭 묻어만 두고 싶던 감정들을
다시, 꺼내오고 마는 것이다.

어른

언제부턴가 나는 이뤄낸 것도 없이
너무도 바빠졌고

내가 그리워하던 이들에게
야속한 사람이 되어 있었다.

어른이 되는 것 1

무조건 나를 이해해 달라고 예뻐해 달라고
미워하지 말라고 말할 수 없는 것.

밤하늘에 떠 있는 손톱달이 아름답다
말 못 하고 반짝이는 호수를 바라보며
몰래 눈물 훔치는 것.

알아도 모른 척 몰라도 아는 척.
어른이 된다는 것 바보가 되어가는 것.

가슴속의 이야기는 그대로
가슴속에 두고 사는 것.

집으로 돌아가는 길

 분주한 걸음으로 가득한 역 한구석에 이름 모를 나물들과 함께 시들시들 생기를 잃은 노인의 얼굴에는 어디선가 본 적 있는 서글픔이 있다. 쏟아지는 사람들 사이에서 손을 뻗을까 거둘까, 한참을 망설이는 빨간 전단지의 나이 든 사내가 위태롭다.

 만원 버스에 구겨져 손잡이에 대롱대롱 매달려 있는 하얗게 질려 버린 청춘과 내릴 때 카드를 대주세요,를 연신 반복하는 가는 귀먹어가는 승객이, 그 위로 인상을 잔뜩 찌푸린 운전기사의 메마른 입술이 애처로워서.

 오늘도 나는 마음을 질끈 감고 애써 모른 척 발걸음을 떼어 놓는다.

이상하고 환한 요일

떨쳐낼 힘도 없이 꿈속을 허우적거렸다.
누운 자리에서 이야기는 시작되었다.
검은 손들이 나를 묶어두었고
명령조차 무의미했다.

너를 위해 수없이 외쳤지만 돌아오는 것은
나를 삼켜오는 커다란 그림자뿐이었다.

흠뻑 젖은 몸으로 눈을 떴을 때
마주한 것은 커튼 사이로 새어든 햇살
고요한 너의 숨소리.

커다란 그림자에게서 벗어나 마주한
오늘을 이상하고 환한 요일이라고 정했다.

적막

잠시 눈 깜빡해본 사람들이 평생 어둠 속을 더듬더듬거리는 사람의 심경을 어떻게 알겠어요.

모르지, 모를 거야. 그 기약 없는 적막에는 인내심조차 무용하다는 걸.

구원

당신이 듣고 싶어 하는 말과
당신에게 전해야만 하는 말이 다를 때
나는 가만히 당신의 손을 잡겠다.

때론 가벼운 눈짓, 손짓 하나가
세상이 무너지는 것만 같은 순간에서
단 하나의 구원이 된다.

기적의 부스러기

어떤 실패에도 쉬이 낙담하지 않는 삶의 묵상은 밖이 아닌 안으로 채워지는 기쁨을 발견하게 한다.

시간에 쫓겨 전전긍긍하는 버릇이 튀어나오려고 할 때마다, 채워지는 일상이 감사해! 재치기 하듯 외치면 상황은 가볍게 반전된다. 어깨를 짓누르던 그 모든 일과는 기적이 남긴 부스러기라는 사실을 다시금 깨닫게 된다.

문턱 2

그 문턱은 너무나도 좁다.
우리는 우리라는 이름으로 넘을 수 없다.
너에게서 나를 떼어 놓고
나에게서 너를 떼어 놓고도
더 많은 것을 버려야만 한다.

때때로 너라는 존재는
너무 많은 것을 버리고 가벼워진 몸으로
도망치듯 문턱을 넘고 사라진다.

무가치한 추억을 꼭 쥔 채
미련에 불어버린 몸으로
문턱 주변을 서성이던 시간은
이제 아득하다.

나 역시 문턱을 넘는다.
때로는 너의 등을 따라서
때로는 내가 먼저 발을 내딛는다.

서두름 없이 천천히 나아간다.
하나씩 내려놓는다.

끝없이 이어질 것만 같던 오렌지빛 터널을
고요히 빠져나온다.

우산

비가 왔는데 우산은 필요 없었어. 많이 내리지도 않았지만 변명 삼아서 흠뻑 젖고 싶었거든. 그렇게 다음 날 늦은 오후까지 앓고 나면 조금은 나아지지 않을까. 언제부터 났는지도 모를 미열처럼 좀처럼 떨치지 않던 기억도 그렇게 같이 끝낼 수 있지 않을까.

그럼에도 우산 없이 온종일 걷다가 돌아온 나를 질책하던 그 목소리는 필요했는데 신발장에는 물방울 떨어지는 소리만 가득했고 뜨겁게 떠오르던 이름 하나가, 아직까지 나를 어지럽혀.

내일도 비가 온다 하길래-, 나는 우산을 모두 치워버렸어.

때로는

깊어지고 싶어서 멀어지고 싶은 사람이 있다.

멀리 두고 가끔이나 꺼내 보더라도

오래도록 마주하고 싶은 사람이 있다.

오늘은 오늘을

이제는 사탕을 깨물지 않고도 천천히 녹여 먹을 정도의 차분함이 내게 있다. 갑작스럽게 날이 서기 시작할 때면 내가 살아온 방식을 돌아보게 됐고 한 권의 책을 쥐고서 한 계절을 지날 줄 알게 됐다. 무리하지 않으며 오래 좋아하고 싶은 것들이 늘었다.

이를테면, 드문드문 안부를 주고받는 일과 책을 엮어내는 일련의 과정들, 메일을 통해 글과 삶을 나누는 일.

긴 시간 나는 오해하고 있었다. 오늘을 애쓰며 태워버리면 내일은 반드시 소원하던 장면을 만날 것이라고. 그러나 아니었다.
쉬지 않고 벽돌만 쌓는다고 당장에 건물이

세워지는 것이 아니었다. 이제 겨우 씨앗을 심었다고 나무 그늘에 쉴 수 있는 것은 아닌 것처럼. 나의 새벽의 몫은 아침에 찾아오지 않았다.

이제 긴 오해를 벗고 오늘을 마주하려고 한다. 그 어떤 것에도 매여 있지 않은 오늘을 살며 자유하려 한다. 오늘의 나는 내일의 나를 그릴 수 없으며, 어제의 나는 매순간 희미해져간다. 점을 찍고 셔터를 누르는 순간부터 모든 문장과 장면은 과거를 향해 달려간다.

오늘은 오늘을 살아야 하는 이유는 여기에 있다.

3부

우리는 모두 삐뚤빼뚤하고
가끔씩은 어긋나잖아

서로의 앞에서만큼은, 우리
잔뜩 쥔 힘을 빼고 맨 얼굴로 만나자

위로

달콤하고 아름다운 언어가 아닌
내게도 같은 아픔이 있다오, 라고
따스하게 전해주는 것.

당신에게 가슴으로 다가가
나의 그늘을 고백하는 것.

그저 청춘

자신이 노력하지 않고 얻은 것으로
남을 조롱할 자격이 없듯이
내가 잘못하여 잃은 것이 아니라면
빈손을 부끄러워할 필요는 없다.

우리는 모두 아직 그저, 청춘이기에
자랑할 것도 부끄러울 것도 없다.
그저 가만히 서로를 다독여주면 된다.

우리가 짊어진 두 글자가 조금 버겁지만
다시 일어서는 법도 배우지 않았느냐고
쉬어가도 괜찮다고 서로를 안아주면 된다.

자유

만개한 꽃의 순간에 있지 않기에
메마른 잡초의 마음에 기울 수 있다.

파도의 순간에 있지 않기에
잔잔한 강 위에 얼굴을 비춰볼 수 있다.

미약한 존재이기에
무릎을 꿇어 하루를 맺을 수 있다.

오랜 시간 무지와 부정으로
인정할 수 없던 것들을 마주 볼 때
비로소 자유함이 있음을 안다.

나는 지금 자유하다.

창

마음에 창을 내어보자.
우물이 아니라 창을.
안만 들여다보지 말고 밖을 내다보자.
우리에게는 마음의 환기가 필요해.

창을 열어보자.
비가 오든 바람이 불든
꽃을 피우든 잡초를 뽑든
살아있는 것을 마주할 테니.

그것이 우리를 죽은 삶에서
건져내줄 테니.

경계

때로는 비현실적인 것이
가장 현실적이다.

아득히 멀어졌다고 느꼈을 때
어느새 성큼 다가온
당신의 눈앞 그것처럼.

세계가 부서지는 일

확신에는 용기가 필요하지만
의심하는 일은 하나의 세계가 부서지는 일.

수없이 부서졌던 세계의 조각들을
모아서 용기를 낼 때
우리는 새로운 이름을 얻을 수 있다.

너의 길이 될 것이다

모두가 누군가를 닮기 위해 애쓸 때
너는 너 자신을 잃지 않으려 발버둥쳤다.

나는 가만히 너의 걸음을 본다.
마침내 너의 길이 될 것이다.

네 길이 될 때까지
너는 걸음을 멈추지 않을 테니까.

빛

아무도 없다고, 내 곁엔.
아무것도 없다고 내 손엔.

이 세상에 혼자만 피고 지고 말
인생인 것처럼 느껴질 때가 있다.
당신처럼 내게도.

그러나 조금만 밝히면 보인다.
두 눈 꼭 감고 홀로 아스러지는 인생이라
읊조리는 이들이, 그 손 틈 사이로
쏟아지고 있는 무수한 의미들이.

그래서 나는 매일 다짐한다.
내가 가진 빛으로 조금 더 나아가기로.

사방이 캄캄해서 눈을 뜰 용기도 없이
가라앉고 있는 이들을 붙들기로.

저멀리 흩어져 가는
존귀한 삶의 의미들을 꽉 쥐여 주기로.

작은 잔

큰 그릇보다는
작은 잔이 되고 싶다.

조금만 부어도
금방 찰랑거리며
춤을 출 수 있는

자주 움직여 비워내고
부지런히 채우는

입술을 조금만 벌려도
남김없이 삼킬 수 있는
순전한 마음만 담는
작은 잔이 되고 싶다.

보이지 않는 곳

살다 보면 도저히
길이 보이지 않을 때가 있다.

까마득하고 아득해서
그저 간신히 마른침만 삼킬 때가 있다.
그럴 때 나는 믿는다.

보이지 않는 곳
만질 수 없는 곳

그곳에 해답이 있다는 것을.

새벽 별

날이 저물어 갈 때
다름 아닌 우리 한 사람 한 사람이
새벽 별처럼 나아가기를.

그리하여 누군가는
우리의 작은 빛을 보며
아침을 기대할 수 있기를.

내가 갈 시간

내가 잠시 돌아선 자리에
아슬아슬하게 늘어선 기다림은
주저하던 마음을 떨쳐내고
돌아가는 발걸음을 가볍게 한다.

막연하게 들어선 기다림이든
문득 찾아온 그리움이든 상관없다.

마주할 수 없는 순간에도
어떤 가슴 안에 존재할 수 있다면

이제는 내가 당신을 향해
달려갈 시간이니까.

은근한 조화

 자주 다니던 골목길에 의자가 하나 더 늘었다. 누군가의 식탁에서 사무실에서 서재에서 제 몫을 해냈을, 서로 다른 높이와 모양의 의자들을 보니 어딘가에 삼삼오오 모여 있던 당신과 내가 떠올랐다.

 닮은 구석 하나 없이 제각각 다른 생각으로 살아가는 우리도 언젠가는 나란히 줄을 맞춰 앉게 되지 않을까. 그 은근한 조화 속에서 누구든 잠시 쉬어갈 수 있기를 바란다.

가을, 낭만의 핑계

가을에는 모든 것이 사연을 담고 나를 찾아와.
누군가는 오롯이 혼자임을 느끼는 시간을
누군가는 홀로서기 끝에 시작된 다정한 날을
이야기하며 얼굴을 붉히지.

시간이 지날수록 자신을 더 모르겠다는
사람과 이제는 제 삶의 의미를 찾았다는
사람이 문을 두드려.

그들의 이야기에서 한 가지 공통점을
발견하고 나면 나는 가을이 더 좋아져.

가을이라서 그래, 라고 맺는 그 말들이
어찌나 사랑스러운지.

나른한 봄날 오후에도

푹푹 찌는 여름 한낮에도

호호 불어가며 먹었던 호빵 앞에서도

늘 그렇듯 나를 찾아왔으면서

꼭, 가을이 오면 낭만적인 핑계를 댄다.

가을이라서 그래!

- 그래, 그래 맞아. 가을이라서 그래.

새벽 산책

대개 흠뻑 취하고 싶어지는 시간은 새벽.
우리가 아름답지 않아도 좋아.

굳이 무엇을 하지 않아도
가볍게 걷는 거리에서도 느낄 수 있어.

짙은 밤, 함께하는 길은 누운 자리에서도
우주 어딘가를 떠도는 꿈, 그 어디에서도
길게 이어져 고요히 남겨지리란 걸.

달에게

늘 그렇게 거기서 나를 바라보고 있었는데
늦어서 미안해.

어둠이 내려앉을 때,
그제야 한 번씩 올려다봐서.

각자의 장면들

비가 오는 날이면 떠오르는
각자의 장면이 있는 모양이다.

   저번에 이렇게 비 오던 날에-

누군가 운을 떼면
그 옆에서는 어김없이

   나는 어렸을 때, 비가 오면-
   나는 심부름하러 잠깐 나갔던 길에-

먼 기억 속을
함께 걷자 하는 것을 보면.

기억의 변형

기억의 원형이란 그 시절 속에서만 온전할 테지만, 우리가 나눠 가진 빛바랜 장면들은 오늘과 내일에 여전히 함께 한다. 매일 조금씩 희미해지겠으나 결코 완전한 소멸은 아닐 거다.

당신과 내가 자라나고 늙어가는 세월 속에서 기억의 조각들은 계속해 말을 걸어올 거다. 때로는 가만히 눈물을 흘리게 할 것이고 알 수 없는 물음표만 던져두겠지만, 그 모두가 여전히 힘을 가진 기억이란 반증일 거다.

낭비가 필요한 오후

얇은 스웨터 차림으로
끝없이 이어진 금빛 갈대밭을 걷고 싶어.

음악을 들으며 걷다가 잠시 쉬어
어디든 아무렇게나 앉아 바람을 맞고 싶어.

스웨터 사이로 바람이 송송- 들어오면
그대로 바람을 안고 싶어.

손끝이 시려오면 소매 끝을 잡아당겨서
그 위로 하, 따듯한 입김을 불고 싶어.

따스한 볕이 내려앉는 곳에서
특별한 것 없이 하루를 낭비하고 싶어.

느린 아침의 의미

 시간에 등 떠밀려 숨조차 아껴 쉬던 너를 나는 모르지 않아. 마음껏 자기는커녕 낭만적인 꿈에서 깨어나도 잠시 떠올려 볼 시간조차 없이 더 일찍 잠을 떨치지 못한 자신을 자책하고 흠뻑 젖은 머리를 매만지며 버스를 기다려야 할지, 역으로 달려가야할지 고민하겠지.

 결국, 두 가지 선택 중 어느 것도 너를 제시간에 데려다줄 수 없다는 것을 깨닫게 될 거야. 그렇게 어긋나버린 아침을 한 걸음 한 걸음 꾹꾹 밟아가다, 골목길 어귀에 줄지어 선 의자들을 만날 거야. 햇살이 내려앉은 그 자리에 조심스레 앉아보겠지.

 잠시 두 눈을 감고서 가을 햇살이 이렇게

나 따뜻했나- 나른함을 느끼다, 자리를 털고 일어나서 다시 느린 길을 걸을 거야. 그렇게 걷다 보면 우리는 아무 일도 없었다는 듯이, 시치미를 떼며 세상 무료한 표정으로 지하철 칸 어딘가를 메우고 있는 서로를 마주하겠지.

그렇지만 우리는 알아, 가을이 가져다준 느린 아침의 의미를.

겨울이 기다려지는 이유

 겨울을 기다리는 마음은 사소한 이유에서 시작된다. 손발이 시려오고 코끝이 시큰하게 얼어붙기 시작할 때 차가운 뺨에 스치는 생의 감각에서,

 무심코 스친 것들에서 타닥- 터져 나오는 정전기로부터, 문밖을 나서기 전에 두를까 말까 한참을 망설이며 몇 번이고 들었다가 내려놓는 목도리에서부터. 거칠게 트는 입술을 만지작거리다가 결국, 피를 보고 마는 못된 습관에서부터. 하얗게 튼 손 위에 짜놓은 핸드크림의 텁텁한 향이 차가운 공기 중으로 퍼지는 순간에서부터.

대한(大寒). 20여 년 전 몹시 춥던 그날. 세상과 뜨거운 첫인사를 나눴던 그 순간을 되돌아보는 것에서부터 겨울이 기다려지기 시작한다.

각자의 식사

착각한 적이 있다. 당신의 행복이 내 행복을 박탈했다고. 당신의 행복이 부풀어 오른 만큼 내 행복이 푹 꺼져버렸다고 믿었던 날들이 있다. 내 몫의 행복을 위해 당신이 조금만 더 불행해지기를 바랐다. 곁눈질하며 행복을 저울질하던 세월이 지나고 마침내 알게 됐다. 우리는 그저 서로 다른 몫과 값을 가지고 있을 뿐이라는 것을.

내 접시 위에 놓인 메마른 음식이 당신의 기름진 식사를 위해서 희생된 게 아니라면 단출한 식사를 하고 있는 내 곁에 자리를 잡은 당신이 성대한 만찬을 즐긴다 하여도 내게는 당신께 항의할 자격이 없다.

우리는 그저 각자의 식사를 할 뿐이다. 나의 가난이 당신의 부유를 노려볼 이유는 없다. 당신의 부유에 내 가난을 조롱할 자격이 없는 것처럼.

그럼에도 불구하고 이따금씩 벅차오르는 착각이 확신처럼 번져, 서로의 머리채를 잡고 싶어질 때면 조용히 접시를 들고 일어서면 된다. 내 몫의 식사에 온전히 집중할 수 있는 곳을 향하여.

나무가 들려주는 관계법

두 점 사이의 간격을 좁히기는 게 아니라
두 점을 이어가는 것.

내 쪽으로 당기고
네 쪽으로 밀려가는 것이 아니라
내 쪽에서 출발한 선이
네 쪽까지 가만히 이어지고
네 쪽에서 이어진 선이
다시 내게 닿는 것.

가끔은 팽팽하게 때때로 느슨하게
이어져 있는 선이 우리를 지켜낼 거라고.

재회

어색함이 누그러지고
다시금 눈을 마주하기 시작했을 때
비로소 익숙한 기억 속을 걸을까 하면
또다시 이별이다.

길은 길로 이어져 있고

멀어지는 등을 바라보며
다행이라고 생각했다.

다시 돌아간대도
내 선택엔 변함이 없을 테니까.
지금 이 순간을 지나고 나면
우리, 어쩌면 다시 웃으며
만날 수 있을 테니까.
그 시절은 사라지지 않을 테니까.

언제나 길은 길로 이어져 있고
안녕은 영원한 헤어짐은 아니기에
당장은 울고 싶지 않았다.

그럼에도 불구하고

점 하나로 홀로 남겨진 것만 같은
외로움과 앙상해진 몸집을 숨기려
무거운 외투를 벗어 버리지 못하는
당신들에게 내가 해줄 수 있는 말이라고는

  그렇기 때문에 아닌 그렇지만
  그래서 아닌 그래도
  그럴 수밖에 아닌 그럼에도 불구하고

더는 내려놓을 것 없는 나를 누군가 읽을까
인생에서 허락된 가장 찬란한 봄날에도
여전히 움츠리고 있는 당신에게
아니, 우리에게 내가 해줄 수 있는 말은
언제나 이렇게 시작된다.

그렇지만

그래도

그럼에도 불구하고

넓은 시야

 숱한 뜀박질에도 불구하고 눈앞의 벽을 넘지 못했어도, 우리에게 남겨진 것이 욱신거리는 통증만은 아니다. 껑충껑충 발꿈치가 땅을 박고 튀어 오르던 절박함을 먹고 자라난 키가 있다. 더는 높이 뛰지 않아도 그 너머의 세계를 들여다볼 수 있는 넓은 시야가 지금의 우리에게 있다.

 바라던 성취는 아닐지라도 굳세게 움켜쥔 두 손에는 성장이라는 부스러기가 남겨져 있다.

연약한 만큼 덜 외로워져야 해

눈물은 슬플 때만 흐르는 것이 아니고
내리는 비는 때로 낭만적으로 다가오기에
우리는 더욱 무럭무럭 자라날 거야.

지금 내리는 이 비가 가끔은 연약한 너와
내 가지를 흔들고 잎들은 찢어지고
비틀비틀 위태로운 춤을 출 수도 있겠지.

그럴 땐 내가 너를 잡아줄게.
너는 나를 잡고 다시 일어서면 돼.
네 눈엔 나 역시 위태로워 보이겠지만

나는 알아. 연약한 존재들이 모여
위대해진다는 것을.

우리는 연약한 만큼, 덜 외로워져야 해.
서로를 더욱 깊게 안아줘야만 해.

내가 네 앞에 연약할 수 있어서
너를 깊이 안아줄 수 있어서
참 행복한 밤이 시작되었어.

아득한 새벽

 내게 청춘은 아득한 새벽. 어디까지가 나이고 어디서부터가 세상인지 보이지 않는 아득한 새벽.

 빛을 찾아 끊임없이 허우적거리는 시간이다. 보이지 않는 어딘가에 걸려서 자꾸만 넘어지지만 이내 툭툭 털고 일어난다. 아직 어두워서 길이 보이지 않지만, 그렇기 때문에 넘어진 자리에서 내가 무엇을 움켜쥐고 일어섰는지도 알 수 없다. 그곳에서 만난 수많은 목소리의 표정 역시 아직은 알 수 없다.

 어둡다. 어둠 앞에서 누군가는 막연히 주저앉아 날이 밝기만을 기다리거나 다른 누군가가 자신을 빛으로 이끌어 주기만을 기다릴 것이다. 겁에 질려 주저앉은 채 눈물만 흘리고 있는 이들을 만날 수도 있다.

아득한 어둠. 그 안에서 나는 더욱 예민해진 귀를 가졌고 작은 빛으로도 세상을 꿈꾸는 사람이 되었다. 내가 아무리 우스꽝스러운 춤을 춘대도 누구도 내게 손가락질할 수 없다. 누군가 내게 소리친대도 나는 그의 얼굴을 볼 수 없다. 어둠 속에서 우리는 모두 불완전한 시야를 가졌기 때문이다.

실패를 두려워하지 않고 도전을 미루지 않는 한 사람으로 성장하게 해주는 청춘은 내게 아득한 새벽이다. 당신과 나의 새벽이 아주 천천히 밝아 오르기를.

완전하지 않아도

내가 당신에게 당신이 내게
완전하지 않아도 온전할 수만 있다면
그렇게 우리의 이야기는 시작될 거야.

어차피 우린 모두 삐뚤빼뚤하고
가끔은 어긋나잖아.

우리라는 이름 앞에서만큼은
잔뜩 쥔 힘을 빼고 맨 얼굴로 만나자.

4부

시간이 지나도 여전히 깊은 곳에서
빛을 내는 문장이 있다

어느 곳에서 누구와 무엇을 하다가도
별안간 눈물을 흘리게 하는
내가 당신의 그런 문장이었으면

주름진 간절함

고요한 세계에 침묵이 아닌
독백을 남기는 이유는
짙은 새벽에 깨어
눅눅한 문장을 남기는 이유와 같다.

누군가는 애써 그래야 하냐며 되묻는 일이
누군가에게는 달리 방도가 없어
하지 않고서는 견딜 수 없는 것이다.

들어주는 귀와 읽어주는 눈이
탄생하기 전에 존재하는 마음이 있다.

주름진 간절함 같은 것이.

안녕을 전한다면

　풍성하세요, 할 때마다 꺼져가는 것들이 떠오른다. 부자 되세요, 라는 문장 앞에서 가난한 마음이 되는 것처럼.

　모든 의미는 부여하는 이의 마음에 달린 것, 그러나 읽어내는 이의 마음은 다른 것이다. 나는 명료한 말들 앞에서 더 자주 복잡해지는 사람. 얕은 연못에서 높은 파도에 부딪히는 사람. 그리하여 쓸 수밖에, 쓰고야 마는 사람.

　당신께 안녕을 전한다면, 지금 이곳에서 충분히 행복하기를.

나는 그저

작고 나약하며 흔들거리는
어디서든 만나고
어디서든 헤어질 수 있는 사람.

언제나 찾아오는 내일이 반갑지만
지새우는 새벽에는 괴로움에 아스러지는.

유한하고 사소하여

　열두 시간 전에는 공원을 헤매듯 걸었다. 바닥에 떨어진 은행을 매만지다가 구린내가 난다는 잔소리를 듣고 호숫가에 가 손을 씻었다. 얼음장같이 차가워진 손을 비비다가 당신의 손을 모른 척 잡았다.

　집으로 돌아가는 길에는 감나무에서 밥을 먹던 까치를 향하여 카메라를 들었지만 까치는 저 멀리 날아가고 없었다. 날이 쌀쌀해져서야 동산을 내려왔다. 보관함에 맡겨둔 짐과 함께 다 먹은 음료병을 챙겨 공원을 빠져나왔다. 유리병을 달랑거리며 한참을 걷고서야 버스 정류장에 놓여 있는 쓰레기통을 발견했다. 그제서야 우리는 서로의 겨드랑이에 팔을 끼어 넣고서 걸었다.

이토록 사사로운 것들은 기록하지 않으면 사라져버린다. 사라져버린다, 이 슬픈 현상을 줄이는 방법은 조금 더 부지런히 기록하고 기억하는 방법밖에는 없다. 그러나 그것들을 기록하는 순간에 들리고 보이고 맡아지는 것들은 또 언제 기록하며 기억할 수 있을까.

쓰는 사람들은 언제나 옅은 두통처럼 조바심을 안고 산다. 글을 쓰기 시작할 때면 마치 대단한 무언가라도 되는 것 같은 착각을 하다가도, 점을 찍고 나면 한없이 유한하고 사소한 자신을 깨닫는다.

우리는 순간에 존재하고 사유하며 유한하다. 그리하여 닿을 수 없는 영원함을 향하여 끊임없이 발버둥칠 뿐이다.

다시, 문턱

나는 담담히 문턱을 넘는다.
앞서 나아간 뒷모습들을 바라본다.
더러는 삐져나오는 미소를 숨기고
더러는 하얗게 질린 입술을 질끈 문다.

영원할 것 같은 모든 시절에도
끝이 있음을 알기에 나는 다시 걸어간다.

고백, 하나

갈수록 사람에 대한 감정정리가 어려워.
어릴 적에는 착한 사람과 나쁜 사람을
분명히 나눌 수 있다고 생각했어.
착한 사람들은 늘 내게 좋은 사람들이었고
싫고 미웠던 건 나쁜 사람들이었지.

하지만 이제는 무엇이 착하고
나쁜 건지 모르겠어.

나는 지금 누구를 좋아하고
미워하는 걸까.

고백, 둘

좋아하는 영화와 음악들을
좀처럼 플레이할 수가 없어요.
우습게 들릴 수도 있겠지만
익숙해져 버리는 것이 조금 두렵거든요.

막막함으로 눈물을 참을 수 없었던 장면과
울렁이도록 사무치던 대사가
온종일 정신을 놓게 만들던 짧은 적막이
외운 듯이 익숙해져 버리고
조금씩 숨이 트여가는 것들이 두렵거든요.

사실은 아주 많이.

지금, 여기를 놓친 채 그때, 거기를 말한들

이미 지나온 그때, 거기도
아직 오지 않은 그때, 거기도
무수한 지금, 여기를 지나야만 한다.

가장 귀한 것은 언제나 지금, 여기
손 닿고 마음 가는 곳에 있는 걸.

왜 그렇게 지나온 시간에
나를 구겨놓고는
사라질 것들을 찾아 헤맸는지.

그때, 거기의 사랑

다른 이에게서 그 사람의 모습을 찾는 것은
동그라미에 세모를 끼어 놓는 일.

뚫고 나오는 모서리에 가슴이 찔리고
텅 빈 부분을 멍하니 바라보게 되는 일.

내 기억 속에만 사는 그들은
모두 세모였다는 것을

추억 속에 닳고 닳아서
동그라미가 되었다는 것을

우리는 쉽게 잊는다.

지금, 여기

지금, 여기를 놓치며
그때, 우리는 어떠한 변명을 늘어놓을지.

어색한 웃음으로
얼마나 긴 시간을 떠나보낼지.

등을 돌릴 때까지
얼마나 깊은 한숨이 오고 갈지.

꿔준 자리에서

대신 꿈을 꿔줘서 고마워요.

 늦은 밤에 도착한 메시지 한 통. 대신이라는 말에는 어딘가 쓸쓸한 구석이 있지만 지금 이 자리를 지켜낼 하나의 이유가 더 늘었다고 생각하겠다. 그러나 이제는 그 어디서도 투영할 수 없는, 당신만의 것을 찾기를 바라는 마음으로 늦은 답장을 쓴다.

당신이 서 있는 그 자리에서도 가끔은 두 눈을 꼭 감고 무엇이든 꿔봐요. 갚는 건 나중에 생각해보기로 해요. 그 정도 무모함은 사치가 아니라 지금의 가치를 위한 투자가 아니겠어요.

프레임 밖

 어릴 적부터 마음에 드는 영화나 음악을 만날 때면 지은이가 궁금했다. 화면을 가득 채운 얼굴과 귓속 가득 울리던 목소리만으로도 정신은 아득했지만, 그 너머의 사람들이 궁금했다.

 그네들은 어떤 삶을 살았기에 이런 서사와 멜로디를 만들게 되었을까. 제 삶을 떼어다 붙이고 만지작거리며 완성한 세계 안에 대역을 세워두는 일에는 어떤 결단이 필요했을까. 마침내 플레이되는 세계 밖에서 그들이 짓는 표정은 어떤 것이었을까.

 나는 오래전부터 안보다 밖이 궁금한 사람이다.

문득, 떠오르는 이름들

 뚜렷한 바람은 없었다. 그저 가만히 마주 앉아 이런저런 이야기를 꺼내줬으면 했다. 시시콜콜한 이야기를 나누며 작게 웃음짓고 싶었다. 이따금 깊게 고인 것들이 조금씩 흘러나올 때면 고요한 침묵에 기대 마른침을 삼켜가기도 하면서.

 떠올려보는 것만으로도 충분히 외롭지 않았다. 당장 마주할 수 없어도 언제 어디서 어떤 모습으로든 함께할 것을 알았기에 무채색의 날들을 버틸 수 있었다.

 조금 더 시간이 흘렀고 이제는 그들이 나를 찾아온다. 그냥, 언제 한 번이라는 말과 함께 멋쩍게 찾아오는 이들을 나는 안다. 녹록하지 않은 세상에서 깨지지 않기 위해 이 시간을 붙들고 있다는 것을. 내가 해줄 수 있는 것은 그들의 시시콜콜한 하루와 무거운 숨에 가만히 고개를 끄덕여 주는 것이라는 것을.

어른이 되는 것 2

무조건 나를 예뻐해 달라고
미워하지 말라고 할 수 없는 것.

벌어진 일에 속 편하게
누구 탓을 할 수 없는 것.

자신에게 실망하는 날이
하루 이틀 늘어가고

집으로 향하는 길에는
몸의 피로가 아닌
마음의 피로가 쌓이는 것.

생각과는 다르게 살아지는 삶을
조금씩 받아들이는 것.

넘어져도 아프다는 말 한마디 삼키며
이를 악물고 다시 일어서도
누구 하나 부축해 주지 않는
그 길을 홀로 걸어야 하는 것.

깊은 슬픔

  나는 관계에 있어서 그에게 미움을 사는 것보다도 내게 결정적인 힘이 없다는 것에 마음이 아팠다.

  몰아치는 시간에 이리저리 흔들리며 점점 더 멀어지는 너를 붙들고 다시금 내 곁으로 가져다 놓을 힘이 나에게 없다는 것이 깊이 슬펐다.

어떤 대화

언제부턴가 서점에 가면
책을 읽기보다는 살펴보게 되더라.

요즘 밖에서 커피를 못 마시겠어.
오래된 원두를 쓰거나 로스팅이 엉망인
곳에서는 지갑 열기가 싫어.
순 엉터리잖아.

어떤 세계에 발을 들이는 일.
그 세계에 대한 낭만을 깨트리는 일.

젖은 편지

며칠간 글을 쓰지 못했어요.
별다른 이유는 없어요.

아름다운 마음이 없는 글에는
초조함만이 남겨져 있음을
잘 알고 있으니까요.

내가 나의 이름을 불러야 한다

생각해보니 그랬다.
내가 나를 안아주지 못하면서
내 속에 뭉친 응어리 하나 풀지 못하면서
다른 누군가에게 위로가 되겠다고.

그토록 원하는 말을
나조차 내게 해주지 않았으면서
다른 입 앞에서 한참을 서성였다.

철저히 혼자라고 느껴지는
그 순간조차도 나만큼은
나를 안아야 했는데 그러지 못했다.

너는 나이기에
나는 너이기에
온전히 안아줄 수 있어.

이제는 내가 나의 이름을 부를게.

어른이 된다는 것 3

돌아선 뒷모습 너머의 표정을
어렴풋이 그려볼 줄 알게 됐다.

단호한 표정과 말투에서도
흔들리는 진심을 읽을 수 있게 됐다.

이해할 수 없던 지난날들은
오늘의 복선이었음을 알아차리기도 한다.

어른이 된다는 건
숨은 의미를 발견하는 일이다.

평생의 일

어떤 행위는 그 자체로 즐겁다. 이것으로 무엇을 얻을 수 있을까, 어떤 이야기를 듣게 될까, 하는 계산보다 즐거움이 앞서 동기부여가 된다는 것. 거기에 결코 쉽지 않은 난이도까지 더해진다면 그 일은 평생 할 수 있는 일이 된다.

몇 번을 거듭해도 결코 쉬운 일이 될 수 없어서 더욱 안달하게 되는 일. 그 일은 우리에게 성공을 보장해 주진 않아도 성장을 가능하게 한다.

흐르는 모든 것을 애정해

문장과 장면들
흐르는 모든 것들을 애정해.

저 깊은 어딘가에 남기고 싶어져.
언제나처럼 머물지 못할 것을 알기에.

지금 이 모든 것들도
결국 흐르게 될 것을 알기에
조금은 슬프고 조금은 위로가 돼.

그래서 흐르는 것들을 애정해.

커뮤니케이션

그런 밤이 있었다.
공기와 공기 사이를 가득 메운 침묵만이
유일한 커뮤니케이션이 되었던 밤.

어떠한 단어도 몸짓도 필요 없이
두 눈을 꼭 마주하지 않아도
단지 멀거니 바라보기만 하여도
너를 읽을 수 있었다.

말하는 법을 잊어버려도
참 좋은 밤이었다.

이다음에

이다음에 우리가 조금 더 성장해서
하고 싶은 일을 할 수 있는 일로
바꿔버릴 때

그때는 우리, 세상에서
가장 따뜻한 미래를 이야기하자.

어디부터가 밤하늘이고 밤바다인지 모를
아름다운 시간에 너와 나
얇은 담요를 나눠 덮고 엎어지면
입술이 닿을 만큼 가까이 앉아서.

시선의 온기

나를 찾는 이들의 표정.
그 안에서 흘러나오는 단어와 단어 사이
숨과 숨 사이의 피고 지는 눈빛들.

우리의 시선이 머무는 지금
수줍은 공기가 따스하게 감도는 여기에서
새로운 이야기가 시작되리란 걸 직감해.

존재만으로도 선물이 되는

여러 계절을 지나오며 알았다. 끝없이 이어진 세상 속에 점 하나로 홀로 남겨졌다고 느껴지던 그 순간, 누군가 내게 내민 손에는 혈관마다 붉게- 세상에서 가장 뜨거운 꽃이 피어난다.

언젠가 당신이 내게 내민 따스하고 다정한 꽃을 바라보며 다짐했다. 내 안에 심겨진 씨앗을 가만히 남겨두지 않기로. 더욱 뜨겁게 피어나기로.

침묵이 찾아오기 전에

허공에 떠다니는 글자들이 잦아질 때
비로소 내 글자들은 너를 향해 가는데
우리에게 주어진 시간은 너무나 짧아서
내 문장엔 마침표가 없어.

먼 훗날 우리가 마주 앉아
긴 이야기들을 나누게 된대도
우리의 문장에는 마침표가 없을 거야.

침묵이 찾아오기 전에
나, 잦아드는 네 목소리를 들으며
잠이 들 테니까.

내일의 실루엣

 작은 움직임에도 멀미가 나는 사람처럼 두 발을 꼭 붙인 채 멀어져 가는 것들을 바라본 적이 있다. 그리움의 원형이 사라지며 남긴 점이 희미해질 때까지 미련에 미련을 더했다. 오늘에 서있는 내가 방향을 거슬러 어제로 달려가는 일에는 절망뿐이 없다는 것을 알면서도 지나온 시간을 기웃거렸다.
 더는 멀어져 가는 뒤꽁무니를 좇고 싶지 않아서 앞을 돌아보았을 때, 무언가 다가오고 있었다. 티끌 같던 점이 가까워지며 선명해지기 시작했다. 오늘의 끝자락을 향해 다가오는 내일의 실루엣이었다.
 다가올 내일을 마주하는 일 역시 두 발을 꼭 붙인 채 바라보는 일이 전부였다. 그러나

유의미한 시선이었다. 사라지는 것을 향한 미련의 팔짱을 풀고 다가오는 것들을 향하여 두 팔을 활짝 벌리는 일이었다.

스르륵 사라져버릴 것이 아닌 슬며시 다가와 나를 채워줄 것을 품는 시간은 절망을 밀어내고 소망을 데려왔다.

당신의 인디

아직 세상 앞에 온전히
제 빛을 밝히지 못했어도
내 가슴 속에서 깊이 숨 쉬는 사람.

홀로 컴컴한 길을 걷고 있을 때
자꾸만 찾게 되는 사람이었으면

모든 것이 시들시들 힘을 잃어갈 때
숨고 싶은 한구석이었으면

남몰래 숨겨 두었다가도
가끔은 꺼내 보이고 싶은 자랑이었으면.

빛이 있기에 그림자가 있다는 사실을
보다 아름답게 얘기해주는
그런 사람이었으면 좋겠다.

나는 언제까지나
당신의 인디로 머물고 싶다.

내가 당신의

시간이 지나도 여전히
깊은 곳에서 빛을 내는 문장들이 있다.

어디에서 누구와 무엇을 하다가도
별안간 눈물을 흘리게 하는 문장이 있다.

내가 당신의 그런 문장이었으면.

어떤 문장

내 삶이란 영화에 나레이션이 있다면
지금, 이 순간은 어떤 문장이 될까.

조금은 담담했으면 좋겠는데
그래도 당신에게는 빗물이 되고
바다가 되어 파도를 가져왔으면

5부

긴 웅크림도 침묵도
결코 투명한 정지의 순간이 아니다
소리치기 위해 기다리는 시간이다

작은 움직임, 미세한 호흡까지도
정결하게 다듬으며 전해야만 하는
사람은 섣불리 외치지 않는다

일상의 잔물결

 별다를 것 없이 저물고 시작되는 삶 속에서 권태로움이 아닌 무르익는 것들을 기대할 수 있다는 건 누구에게나 허락된 시선이 아니다.

 그들은 일상의 잔물결에서 새롭게 덮쳐올 파도를 읽는다.

알 수 없으나

알 수 없는 내일이 두려움이 아닌
기대와 소망이 될 때는 가진 것이 없을 때다.
가장 가난한 동시에 가장 부유한 때다.

낮은 자세로 웅크리며 늦은 밤을 재우고
곧은 허리로 이른 새벽을 깨우는 자들은
고통 중에 있지만 동시에 기쁨으로 충만하다.

눈금이 필요하다면

얼마나 크고 넓은지 헤아리는 숫자가 마치 모든 가치를 대변하는 것처럼 보이지만 그저 보기 좋은 속임수에 불과할 때가 많다. 그럼에도 불구하고 눈금이 필요하다면 우리는 깊이를 헤아려야 한다.

보이지 않는 곳에 숨바꼭질하듯 숨어 있는 깊고 넓은 의미들은 결코 쉬이 볼 수 있는 것이 아니다.

웅크리는 시간

 오래 웅크리고 있다 보면 이따금 잠이 든 것처럼 보일 때가 있다. 긴 시간 침묵하는 이에게는 말하는 법을 잊었냐는 오해가 따라오듯이. 그러나 긴 웅크림도 침묵도 결코 투명한 정지의 순간이 아니다. 더 크게 몸을 키우고 더 분명하게 소리치기 위해 기다리는 시간이다.

 작은 움직임, 미세한 호흡까지도 정결하게 다듬으며 전해야만 하는 이야기가 있는 사람은 섣불리 외치지 않는다.

삶의 지도

　어디로 가야 하는가를 아는 사람에게는 헤매는 시간도 소중한 여정이다. 목적지는 같아도 저마다 나아가는 삶의 지도는 다른 모양으로 주어진다는 사실이 눈물 나게 깊은 위로가 되어 찾아오던 새벽을 기억해야만 한다.
　딛고 나선 출발점과 지나온 여정을 잊거나 잊은 체하며 나아가서는 목적지에 닿을 수 없다.

시선

 우리가 주목하는 것에 따라 현실은 희망적이거나 절망적이다. 새로운 아침을 열고 여전한 밤을 닫는 힘은 우리의 시선에 있다. 진흙탕 속에서 누군가는 조그마한 달팽이를 발견한다.
 세상이 어두워질 때 우리는 어둠에 집중하는 것이 아니라 밝아올 새벽 별을 기대해야한다. 창밖에 보이는 것이라고는 칠흑같은 어둠뿐일지라도 커튼을 열고 새어들 빛을 기다려야 한다.

 깨어 있어야만 아침이 오는 걸 알아차릴 수 있다. 허무에 갇혀 잠들어선 안된다. 아무도 모르게 찾아온 아침은 소리 없이 저물고 다시 캄캄한 밤이 찾아올 거다. 그제서야 눈을 비비며 깨어난 당신에게 남겨지는 건 끝없는 나태와 헤아릴 수 없는 어둠일 것이다.

시대를 맞서며

지금 우리가 이 시대를 마주하며 싸워야 하는 건 빛이 아닌 어둠을 바라보게 만드는 커다란 바람이고 무력하게 하는 수많은 이야기이다. 바람은 멈출 것이고 보이지 않는 것들의 웅성거림이 사라지는 날은 반드시 온다.

그 고요함 속에서 마침내 마주하게 될 빛은 무엇도 감추지 않고 드러낼 것이다.

안개

  희뿌연 안개 사이로 노을이 지는 걸 보며 혼잣말처럼 중얼거렸던 적이 있다.

    왜 더 선명하게 볼 순 없나요.
    왜 모든 게 어렴풋하게만 보이는가요.
    왜 알다가도 모를 길을 헤매야 하나요.
    왜, 나는, 이리도 연약한 가요.

  하늘을 흘겨보던 두 눈에 투명한 눈물이 흐르고 시야가 흐려지기 시작했을 때, 비로소 나는 알았다. 짙은 안개는 가슴을 답답하게 하려는 훼방이 아닌 연약함에 눈이 멀 수밖에 없는 우리를 위한 섬세한 사랑이라는 것을.

당신에게 배운 것

아무리 갈증이 나도
바닷물은 삼키지 않을 것

앓는 이에게 진통제가 아닌
치료제를 주는 것

반짝거린다고 하여
모두 아름다운 것은 아니라는 것

지속된다고 하여도
삶은 영원하지 않다는 것

이것이 내가 당신에게 배운
진실된 사랑

진정 아름다운 것에
홀로 영원한 것에

불순물과 모호한 변명을 끼얹으면
가장 볼품없는 것이 태어난다

창조 아닌 모방
결코 생명일 수 없는 것

날마다 경계하며
부지런히 멀어져야 하는 것

이것이 당신이 내게 가르쳐준
삶의 지침

나만의 산책길

　일발의 총성 소리와 함께 나란한 출발선에서 시작되는 경주가 아닌 산책하듯이 시작한 혼자만의 마라톤에는 느린 것도 빠른 것도 없다. 앞서가는 뒷모습을 바짝 추격해야 할 의무도, 새로운 기록을 경신해야 하는 목적도 없이 그저 제 속도로 나아갈 뿐이다.
　숨을 헐떡거리며 내달려야 할 때는 누군가의 재빠른 등을 보았을 때가 아니라 내가 가장 자신 있는 코스여야 한다. 반대로 마치 정지를 향해 가는 듯 속도를 줄일 때는 거북이를 앞지른 토끼의 자만이 아닌 더욱 오래 달리기 위해 신발 끈을 고쳐 매는 이의 묵묵함을 지녀야 한다.
　이따금 나만의 산책길이 누군가의 레이

스와 겹칠 때가 있다. 바람처럼 사라지는 이들을 보며 결국 속도가 생명인 걸까? 불안함에 자문하기도 한다. 그러나 계속 걷다가 보면 알게 된다. 그들과 나의 길은 점점 더 멀어져 다른 곳을 향해 간다는 것을.

결국, 이 길 위에서 필요한 것은 곁눈질이 아닌 진득한 인내와 꾸준한 걸음이란 것을.

좋아하는 길을 가는 이에게 가장 중요한 것은 좋아하는 마음을 빼앗기지 않는 일이다. 마침내 삶이 될 이 여정에서는 자신만의 페이스를 유지하며 제 길을 이탈하지 않는 것이 유일한 사명일 거다.

유용한 발버둥

모든 발버둥이 목적지로 이끌어주는 동력이 되지 않는다는 걸 안다. 그러나 무용한 움직임이라는 생각은 하고 싶지 않다. 당장 앞으로 나아갈 수 없다고 해서, 물을 조금 먹었다고 해서 발을 멈춘 채 가라앉을 수는 없다.

지금 이 순간만 지나면 그때는 거기에 닿을 수 있으리라는 믿음을 움켜쥐고서 나아가야 한다.

잠잠해질 때

눈앞의 안개는 걷힐 것이고 발아래 파도도 잠잠해질 것이다. 그때가 오면 드러나는 것을 우리는 결코 피할 수도 부인할 수도 없을 것이다. 뿌연 세상 속에서도 맑은 마음으로, 흔들리는 가운데에서도 잠잠한 걸음으로 나아가야 하는 이유는 여기에 있다.

어리석게만 보이던 삶은 마침내 가장 현명한 삶이 될 것이다. 이따금 숱한 핑계를 대며 비뚤어진 길을 향하고 싶을 때도 있었으나, 그러지 않았던 것은 내 삶이 지금 여기서 끝나지 않음을 알기 때문이다.

절규

자신을 포기하라며 쓰는 악은 결코 포기하지 말아달라는 절규다. 끝내 붙들며 포기하지 않을 때, 비로소 마주하게 되는 위태로운 진심이 있다.

너무 두려운 나머지 더 크게 내지르는 것 말고는 할 수 있는 것이 없는 이들에게 귀를 막고 눈을 감아버려서는 안된다. 그저 조금 더 인내하며 기다려야 한다.

박탈의 축복

원하던 걸 잃었을 때 도리어 마음이 가벼워졌다면 소원하던 마음의 방향을 살펴보아야 한다. 그것이 궁극적으로 나의 세계에 유익한 것이었더라면, 가벼워졌을 리가 없다.

포기해야만 했던 걸 박탈당하는 건 축복인지도 모른다.

마주설 준비

그림자가 진다는 것은
빛이 여전히 머물고 있다는 뜻이다.

구름이 몰려 올 때
누군가는 우산은 펼치지만

누군가는 맑게 갠 하늘을 앞서 기다린다.
우산 없이 내리는 비를 마주설 준비를 한다.

비에 젖은 사람

비가 그치는 것을
가장 먼저 알아차리는 이는
우산 없이 거릴 걷는 사람이다.

그가 가장 먼저 알아차릴 거다.
어깨를 적시는 차가운 빗물이 멎는 순간과
탁한 구름이 맑아지는 움직임을.
마침내 새롭게 돋아날 생명들을.

나, 그런 사람이 되려 한다.
그래서 젖고 있는 것이다.
당신의 눈에는 대책 없어 보일지 몰라도.

정류장을 떠나며

아무리 아름다운 삶이라 하여도 결코 영원처럼 머무를 수 없다는 것을 아는 이들은 하루를 영원처럼 산다. 두려움과 허망함은 그들의 몫이 될 수 없다. 단정한 매무새와 단호한 태도만이 그들의 다른 이름이 되어 줄 뿐이다.

그들은 머뭇거리지 않는다. 나아가야 할 곳을 향하여 걸음을 지체하지 않는다. 안락하고 평온한 자리를 채우고 있어도 이내 자리를 털고 일어서야 할 때를 안다. 영원한 목적지가 있는 이들이 정류장에 오래 머무는 법은 결코 없다.

맨몸으로 달리기

누군가의 무엇이 되기 위해 너무 많은 옷을 입었다. 지나치게 불어난 몸집이 보기 싫어서 거울 앞 내 모습을 모른 척 땅만 보고 걸었다. 그러자 비대한 그림자가 발목을 붙잡으며 따라왔다. 그대로 두었다간 발목에서 무릎으로 무릎에서 가슴까지 덮쳐올 것만 같아서 두 눈을 질끈 감고 달렸다.

무거운 발을 이끌고 나아간 자리에서 어깨를 짓누르던 옷가지들이 하나씩 벗겨지기 시작했다. 오래 잊고 있던 내 맨몸과 마주하던 그 순간, 부끄러움도 잠시 뜨거운 자유와 마주했다. 오래도록 바라보았다. 어설픈 흉내와 무가치한 덧칠로 잃고 싶지 않은 내 모습을 눈을 감아도 그려볼 수 있도록.

당신의 눈을 통하여

 나를 다 아는 것처럼 구는 이에게 당신이 나에 대해 뭘 아느냐, 따져 물으려다 말고 잠시 생각한다. 나는 나를 얼마나 알고 있는가.

 뜨는 순간부터 감는 순간까지 변화무쌍한 세상과 숱한 얼굴들을 담아내는 내 두 눈은 정작 거울과 창이 없이는 나를 오롯이 담아낼 수 없다. 지난밤에는 목욕을 하고 나오면서 난생처음으로 내 오른쪽 어깨뼈에 점이 나있다는 걸 알게 됐다. 언니의 말을 따라서 서툴게 뻗은 손끝에 닿는 오돌둘한 느낌이 낯설었다.

 그 낯섦은 늦은 밤까지 나를 거울 앞에 세우고 몸을 비틀게 했다. 미처 몰랐던 나의 조각들을 향하여 손을 뻗고 싶었다. 그러나 시간이 흐를수록 선명해지는 생각이 하나 있었다. 아무리 애를 써도 결코 혼자서는 알아챌 수 없는 조각들을 업고 살아갈 것이라는 사실이었다.

    등허리에 난 작은 흉터
    어깨에 내려앉은 머리카락 올
    번진 립스틱 자국
    작은 눈곱

    '네가 보는 네가 너의 전부는 아니란다.'

신은 우리 모두에게 타인의 시선으로부터 존재를 직감할 수 있는, 그리하여 다정한 손길에 맡겨야만 하는 우리의 조각들을 남겨두었다. 제아무리 몸을 비틀어도 혼자 채울 수 없는 단추를, 영영 마주할 수 없는 우리의 뒷모습을 남겨두었다.

그래서 우리는 우리가 될 수 있었는지도 모른다. 우리 모두에게는 단추를 마저 채워주고 초라한 등을 쓸어주는 손길이 필요하니까.

내 삶, 내 것이라고 단언하던 것들 사이에 틈이 벌어지기 시작한다. 그 사이를 촘촘하게 메우는 것은 결국 신께서 내게 허락한 누군가의 손길이란 걸 안다.

이제 나는 당신에게 나에 대해 무얼 아는지 따지는 것이 아니라 가만히 묻고 싶어진다. 평생 남의 뒷모습만 바라보느라 내가 흘려버린 나의 조각들은 무엇이냐고.

당겨내는 시간

 이미 시작된 것들보다는, 언젠가 시작될 것들을 이제 곧 시작될 것으로 당겨내는 시간을 사랑한다. 그것들이 마침내 코앞에 다가올 때까지 잠자코 내 몫을 해나갈 뿐이다.
 이런 태도는 때때로 누군가로 하여금 내 인내의 몫을 어디선가 툭 떨어진 선물 정도로 오해하게끔 만들기도 한다. 그러나 나는 기억한다. 잘 닦인 길이 아닌 울퉁불퉁한 길에서 보냈던 덜컹거리던 시간을.

 멀미 나는 길 위에서 98과 100은 다르다는 사실을 배웠다. 거의 다 왔다는 것과 온전히 다 온 것은 결코 같은 말이 될 수 없다. 그러나 마침내 채워지지 않는다 하여도 2를 찾아가는 여정의 가치를 더는 의심하지 않는다. 어느 길은 목적지에 도달하지 못해서 무수한 갈래를 헤매며 비로소 완성되기도 한다.

미완으로만 보이는 내 삶의 진행형을 지금 당장은 아무도 몰라도 괜찮다. 머지않은 날에 나, 의자를 빙그르르르 돌리며 옅은 웃음으로 당신들께 전할 날이 올 테니까.

긴 웅크림도 침묵도
결코 투명한 정지의 순간이 아니다.

더 크게 몸을 키우고
더 분명하게 소리치기 위해
기다리는 시간이다.

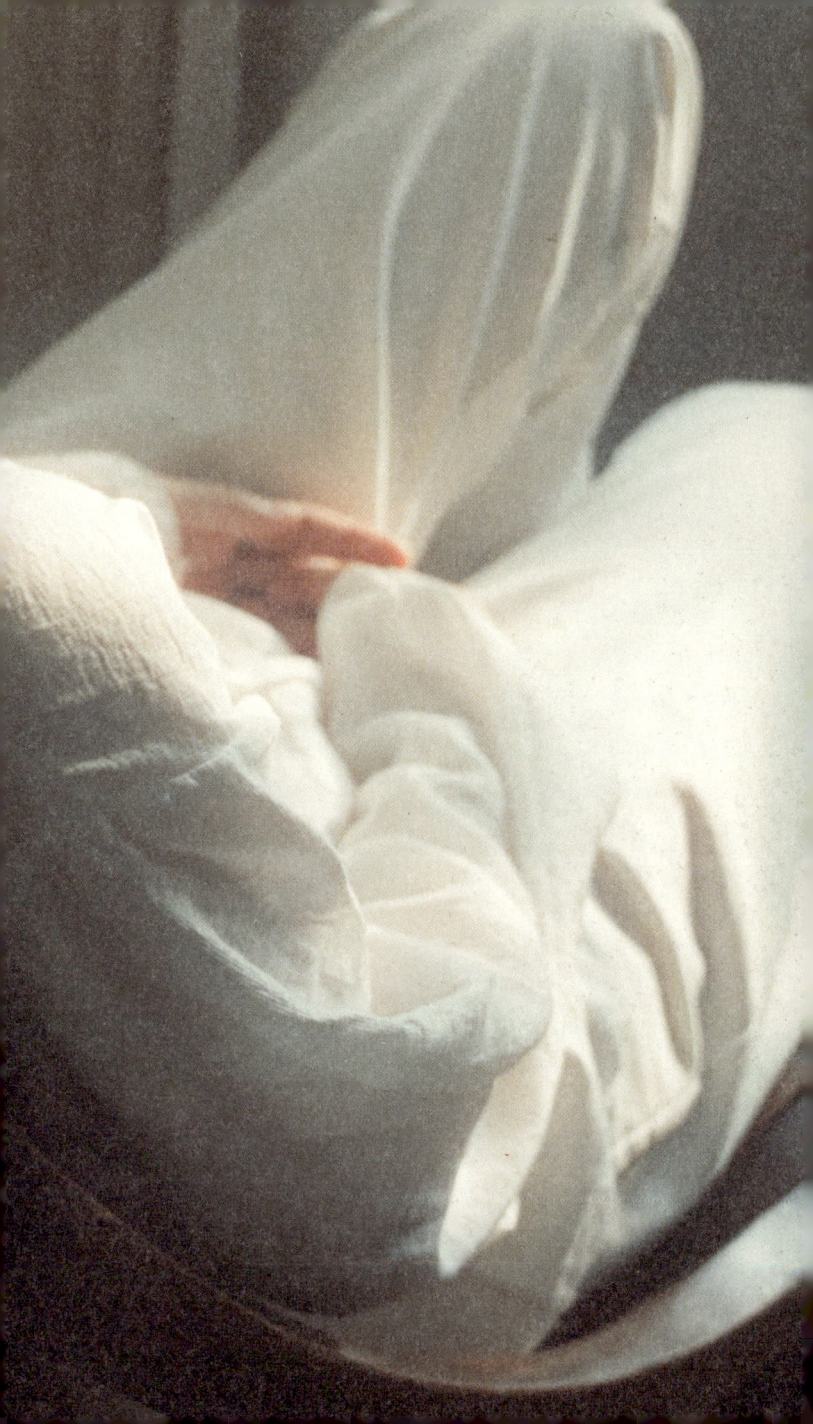

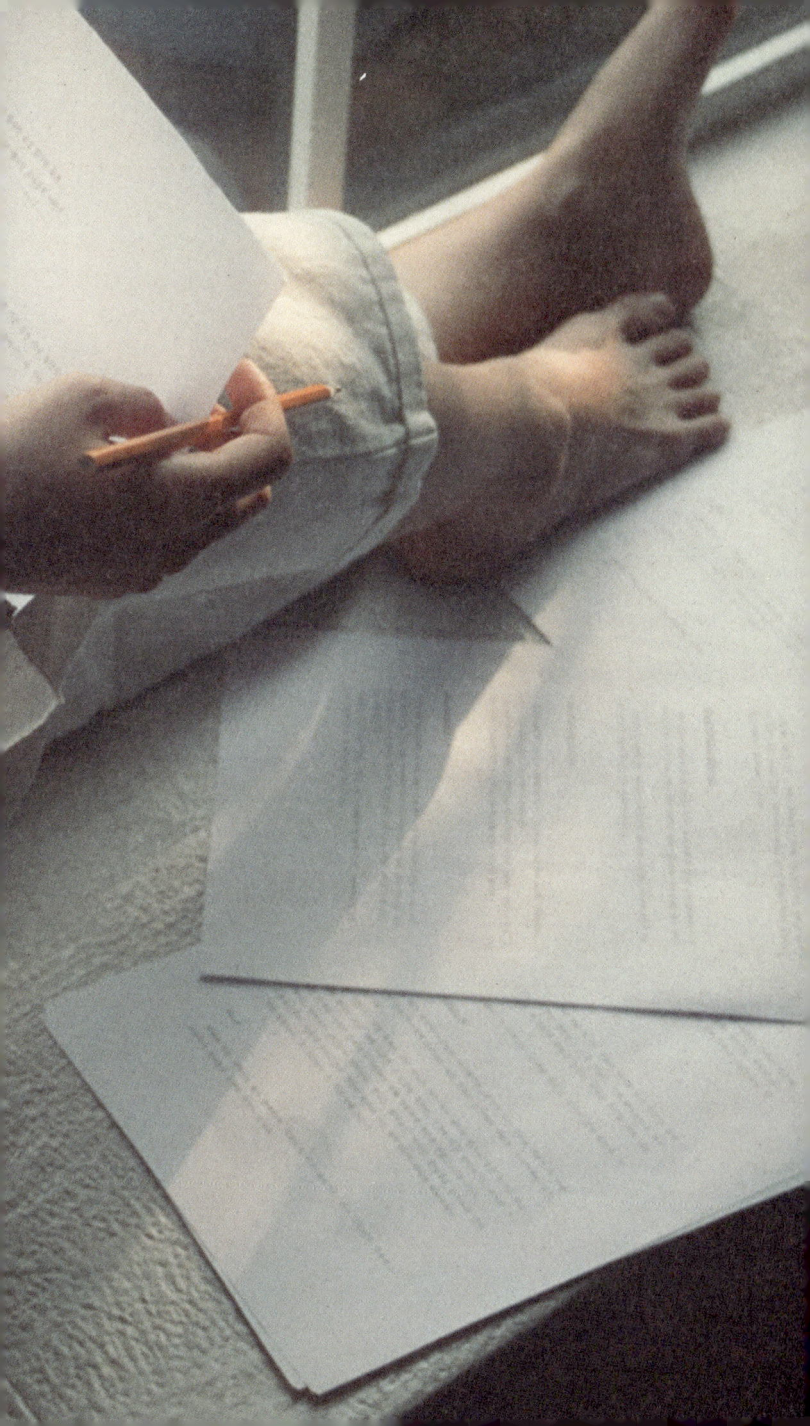

지금, 여기 우리가 놓쳐서는 안 될
사랑을 쓰고 그때, 거기 우리를 위한
소망을 노래하고 싶다.

〈작업 노트〉에서

에필로그

다시 새로운 여정을 떠나며

작은 방문을 나선 외출이
5년의 긴 여행이 되기까지

처음 글을 쓰기 시작했던 것은 초등학교 5학년쯤으로 기억한다. 유난히 생각이 많았고 그만큼 그늘도 많았다. 그 모두를 쏟아두었던 것이 일기장이었다. 말이 아닌 문장으로 고민을 털어놓았던 것은 당장에 마주할 사람이 없어도 언제든 내 이야기를 할 수 있기 때문이었다. 그래서 나는 외롭지 않았다. 허공에 흩어져 버릴 소리보단 언제라도 페이지 한편을 지키고 있을 몇 문장들에서 위로를 얻을 수 있었으니까.

시간이 흐르며 그늘은 짙어졌다. 숱한 고민의 맨얼굴을 누군가에게 들킬지도 모른다는 생각이 찾아왔다. 그때부터 나는 여러 가면을 쓰며 나를 이야기하기 시작했다. 그렇게 시작되었다. 내 글은 밝고 환한 곳이 아닌 조금은 어둡지만 아늑한 곳에서. 누군가에게 만족을 안겨주기 위해서가 아니라 스스로를 위로하기 위해서, 안아주기 위해서 시작되었다. 어쩌면 내게 글이라는 건 가슴 속에 만들어 놓은 작은 방과 같았는지도 모르겠다. 그 방은 언제나 어둡고 축축했으므로 누구도 들어오고 싶어 하지 않을 줄로만 알았다. 비좁은 공간은 조금도 자라지 못한 채 언제까지나 나 하나로만 가득할 줄로 알았다.

그러던 어느 날 작게 열어둔 문틈 사이로 볕이 들었고 빗물은 조금씩 새것들을 길러 냈다. 작은 싹이 돋았고 한눈에 띄게 아름답지 않아도 그만의 향을 가진 꽃이 피어났다. 조금씩 방 안에 낯선 걸음들이 채워졌다.

작은 방문을 열고 걸어 나오기까지 꽤나 오랜 시간이 걸렸다. 이미 많은 사람들이 이른 걸음을 떼었지만 나는 안다. 그 자리를 찾아가는 것보다 내 자리를 지켜내는 것이 얼마나 아름다운지를.

나를 위로하기 위해 시작했던 일이 곁의

누군가를 위로할 수있을 때, 여전히 작은 방문을 굳게 닫은 또다른 나를 위로하기 시작할 때, 나는 비로소 가랑비메이커가 된다.

———————————————— 2015년 10월 가랑비

        그로부터 5년의 세월이 흘렀다. 글을 쓰며 살기로 결심했던 열일곱의 여름, 낯선 이름을 사랑하며 앓았던 가을과 나를 둘러싼 모든 것을 의심하며 야위었던 겨울, 외로움을 잊기 위해 자주 잠에 빠졌던 봄.
  긴 계절의 말을 모아 엮었던 나의 첫 책 단상집 〈지금, 여기를 놓친 채 그때, 거기를 말한들〉은 5년이라는 시간이 흐르는 동안 나를 아주 먼 곳으로 데려다주었다. 단 하나의 시선만 머물러준다면 쓰는 삶을 놓지 않을 수 있으리란 마음으로 나섰던 외출이 생각도 못 한 넓고 깊은 여행이 된 것이다.

어디에 얼마나 닿을 수 있을까 하는 계산이나 기대 없이 시작한, 작은 외침에 불과한 이야기들은 닿은 적 없이 닮아 있던 이들에게 닿아서 깊은 메아리가 되었다. 그렇게 긴 시간 사라지지 않고 읽힐 수 있었다.

홀로 쓰고 엮어낸 책이 5년간 작은 책방들을 여행하며 9쇄를 소진했다. 이미 많은 책이 대단한 속도와 숫자로 읽히고 있다는 걸 알지만 무명의 내게는 넘치는 축복의 시간이었다. 긴 시간 다정한 시선들을 받으며 몇 권의 책을 낼 용기를 얻었고 다양한 곳에서 고마운 얼굴들을 마주할 수 있었다. 이어 달리기를 하듯 기쁘고 감사한 순간을 지나며 뜻밖의 제안을 받기도 했다. 독립출판으로 앞서 출간되었던 〈지금, 여기를 놓친 채 그때, 거기를 말한들〉의 재출간 제의였다.

책이 더 넓은 곳에서 읽힐 수 있도록 도움을 주겠다며 여러 출판사에서 연락이 왔다. 그중에는 선망하던 출판사도 있었다. 집필과 편집, 디자인 그리고 유통까지. 출판의 모든 것을 스스로 해나가며 잠 못 들던 밤이 길었던 내게는 반드시 붙잡아야만 하는 기회처럼 느껴졌다. 그럼에도 긴 고민 끝에 나는 조금 더 긴 뜸을 들이기로했다. 다른 이유는 없었다. 나의 첫 마음을 오롯하게 누릴 수 있다면 조금 느리고 서툴러도 좋다는 생각 때문이었다.

다른 길도 지름길도 몰라서 느린 걸음으로 산책하듯 나아가며 작년 봄에 작은 출판사를 열었다. 그리고 올해 가을, 오래된 이야기에 새로운 문장을 이어 쓰며 마침내 더 넓은 곳으로 나갈 준비를 마쳤다. 처음 책이 출간되었던 5년 전 그때, 거기와 지금, 여기를 잇는 시간이었다. 긴 공백을 사이에 둔 문장들을 한 권의 책으로 엮어내는 일이 쉽지는 않았지만, 자그마치 10년의 기록이 묶인 한 권의 책이 쓰는 나에게도 읽는 당신에게도 소중한 선물이 되어주리란 믿음으로 나아갈 수 있었다.

오늘 여기서 처음 마주하게 되었든, 다시 새롭게 마주하게 되었든 나의 긴 계절을 먹고 자란 문장들이 당신의 계절에 서두름 없이 깊이 스며들기를 바란다. 그 언젠가에는 나의 문장이 당신의 가슴속에서 새로운 메아리가 되어 터져 나올 수도 있을 거다. 그때 우리, 새로운 대화를 시작하기를 바란다.

오랜 여정을 지나며 이제 마지막 페이지만을 남겨두고 있지만, 나는 계속해서 이야기하고 싶다. 지금, 여기에서 우리가 놓쳐선 안 될 사랑을 쓰고 그때, 거기의 우리를 위한 소망을 노래하고 싶다. 지나치게 낭만적인 시선은 덜어내어 세상을 직시하고 지나치게 날카로워진 칼날은 조금 더 뭉툭하게 만들어서 누구도 함부로 해치지 않도록 단련하며. 그것이 나에게 허락된 삶이라면 뒤도 돌아보지 않고 그렇게 나아가고 싶다.

  그 긴 여정에 필요한 것은 내내 고요한 시선을 거두지 않을 당신과 태초부터 영원까지 나의 삶을 이끄시는 이의 아름답고 선하신 사랑뿐임을 믿는다.

/ 2020년 9월, 가랑비

가랑비메이커 단상집

지금, 여기를 놓친 채 그때, 거기를 말한들

ⓒ 문장과장면들 2020

초판 1쇄 발행 2015년 10월 31일

초판 9쇄 발행 2019년 11월 31일

개정증보판 3쇄 발행 2023년 05월 01일

지은이 가랑비메이커

펴낸이 고애라

책임편집 | 디자인 고애라

사진 염서정 atelier.lyric@gmail.com

펴낸곳 문장과장면들 (979-11) 966454

출판등록 2019년 02월 21일

(제25100-2019-000005호)

전자우편 sentenceandscenes@gmail.com

인스타그램 instagram.com/sentenceandscenes

이 도서의 국립중앙도서관 출판예정도서목록(CIP)은 서지정보유통지원시스템 홈페이지(http://seoji.nl.go.kr)와 국가자료종합목록 구축시스템(http://kolis-net.nl.go.kr)에서 이용하실 수 있습니다.
(CIP제어번호 : CIP2020037638)